AF188908

Impressum
Verlag: BABADADA GmbH, Nedderfeld 112 , 22529 Hamburg
Geschäftsführer / Verlagsleitung: Harald Hof
Druck: Books on Demand GmbH, In de Tarpen 42, 22848 Norderstedt

Imprint
Publisher: BABADADA GmbH, Nedderfeld 112 , 22529 Hamburg, Germany
Managing Director / Publishing direction: Harald Hof
Print: Books on Demand GmbH, In de Tarpen 42, 22848 Norderstedt

məktəb
l'école

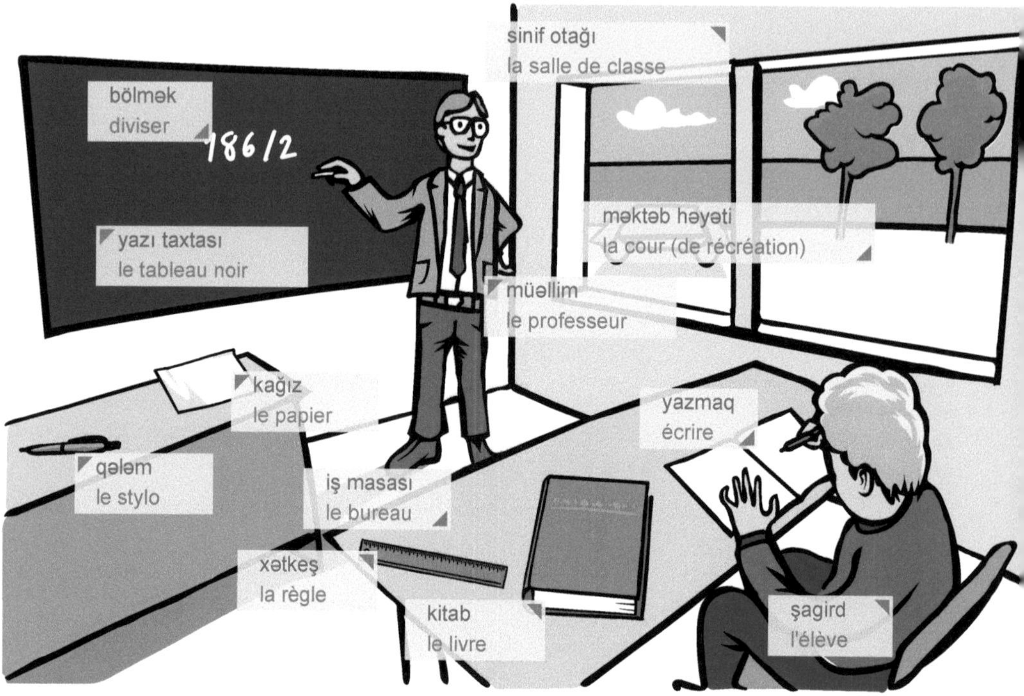

sinif otağı
la salle de classe
bölmək
diviser
186/2
yazı taxtası
le tableau noir
məktəb həyəti
la cour (de récréation)
müəllim
le professeur
kağız
le papier
yazmaq
écrire
qələm
le stylo
iş masası
le bureau
xətkeş
la règle
kitab
le livre
şagird
l'élève

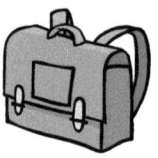

məktəbli çantası

le cartable

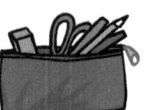

karandaş qabı

la trousse

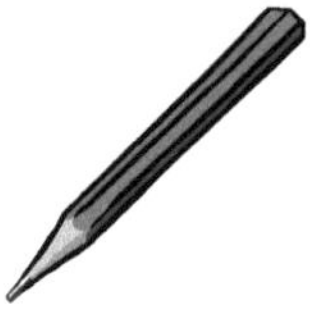

karandaş

le crayon

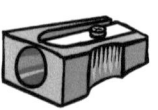

karandaş yonan

le taille-crayon

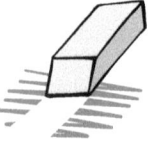

pozan

la gomme

rəsm albomu

le carnet à dessin

rəsm

le dessin

boya fırçası

le pinceau

boya qutusu

la boîte de peinture

qayçı

les ciseaux

yapışdırıcı

la colle

dəftər

le cahier d'exercices

ev tapşırığı

les devoirs

12

say

le chiffre

2+2

əlavə etmək

additionner

5-2

çıxmaq

soustraire

2×2

vurmaq

multiplier

hesablamaq

calculer

A

hərf

la lettre

ABCDEFG
HIJKLMN
OPQRSTU
VWXYZ

əlifba

l'alphabet

söz

le mot

mətn

le texte

oxumaq

lire

tabaşir

la craie

dərs

la leçon

sinif jurnalı

le livre de classe

imtahan

l'examen

təhsil haqqında sənəd

le certificat

məktəb uniforması

l'uniforme scolaire

təhsil

la formation

ensiklopediya

le lexique

universitet

l'université

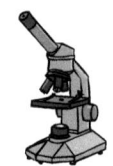

mikroskop

le microscope

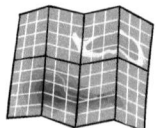

xəritə

la carte

zibil qutusu

la corbeille à papier

səyahət
le voyage

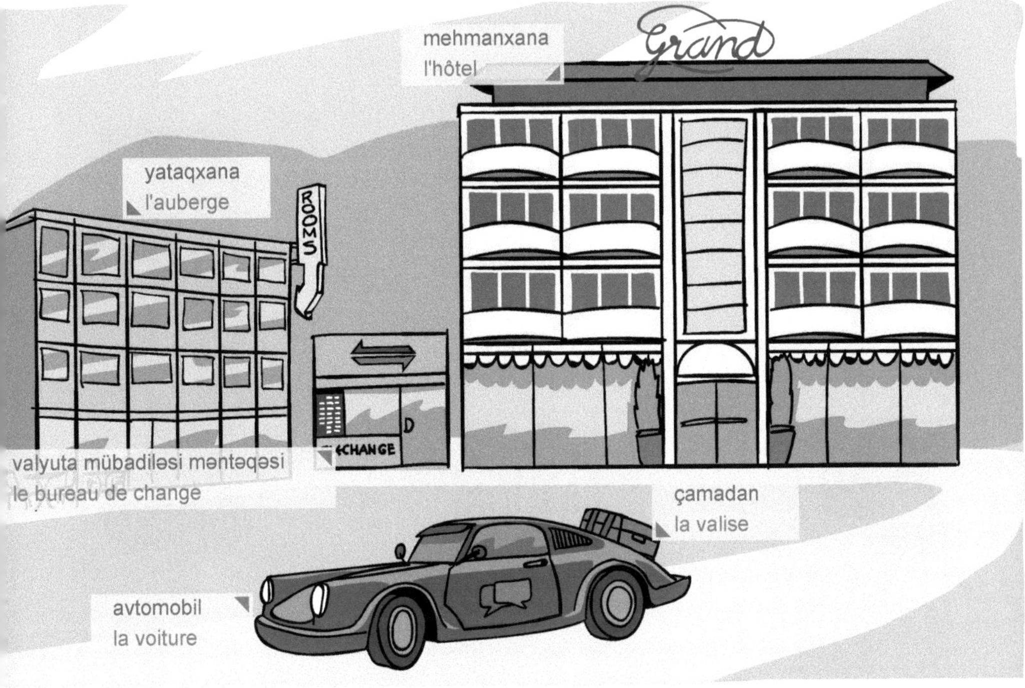

mehmanxana
l'hôtel
Grand
yataqxana
l'auberge
ROOMS
EXCHANGE
valyuta mübadiləsi məntəqəsi
le bureau de change
çamadan
la valise
avtomobil
la voiture

dil
....
la langue

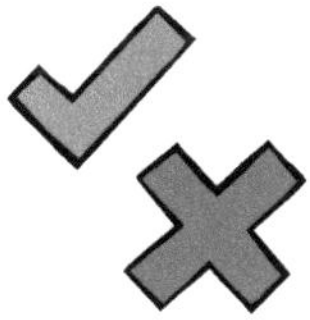

bəli/xeyr
....
oui / non

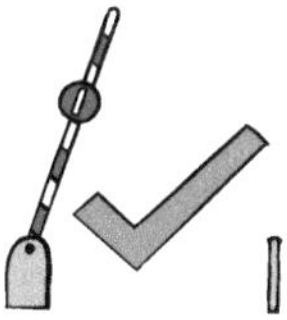

oldu
....
d'accord

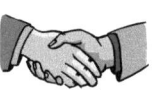

salam
....
Salut

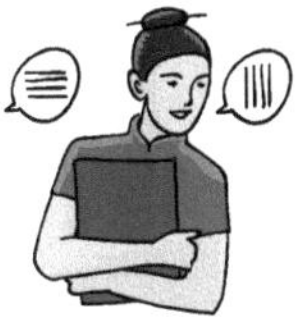

tərcüməçi
....
l'interprète

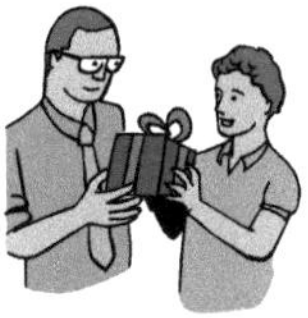

Təşəkkür edirəm
....
merci

giyməti nə qədərdir ...?

Combien coûte...?

mən başa düşmürəm

Je ne comprends pas

problem

le problème

Axşamınız xeyir!

Bonsoir !

Sabahınız xeyir!

Bonjour !

Gecəniz xeyrə galsin!

Bonne nuit !

hələlik

Au revoir

istiqamət

la direction

baqaj

les bagages

torba

le sac

kürək çantası

le sac-à-dos

qonaq

l'hôte

otaq

la pièce

yataq-çuval

le sac de couchage

çadır

la tente

səyahət - le voyage

turistlər üçün məlumat

l'office de tourisme

çimərlik

la plage

kredit kartı

la carte de crédit

səhər yeməyi

le petit-déjeuner

günorta yeməyi

le déjeuner

nahar yeməyi

le dîner

bilet

le billet

lift

l'ascenseur

poçt markası

le timbre

sərhəd

la frontière

gömrük

la douane

səfirlik

l'ambassade

viza

le visa

pasport

le passeport

nəqliyyat
le transport

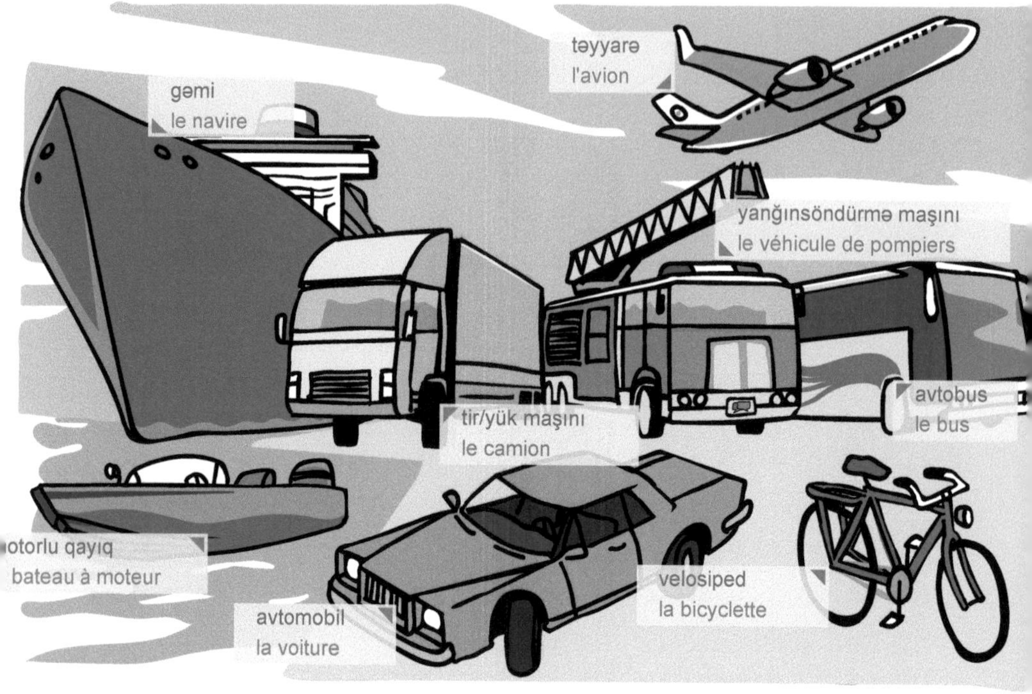

təyyarə
l'avion

gəmi
le navire

yanğınsöndürmə maşını
le véhicule de pompiers

avtobus
le bus

tir/yük maşını
le camion

otorlu qayıq
bateau à moteur

velosiped
la bicyclette

avtomobil
la voiture

bərə
le ferry

qayıq
la barque

motosiklet
la moto

polis avtomobili
la voiture de police

yarış avtomobili
la voiture de course

icarə avtomobili
la voiture de location

avtomobil icarəsi

l'auto-partage

texniki yardım maşını

la voiture de remorquage

zibil maşını

la benne à ordures

mühərrik

le moteur

yanacaq

l'essence

benzin doldurma məntəqəsi

la station d'essence

yol nişanı

le panneau indicateur

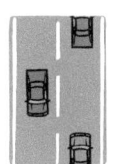

yol hərəkəti

le trafic

tıxac

l'embouteillage

avtomobil dayanacağı

le parking

dəmir yolu stansiyası

la gare

dəmiryol

les rails

qatar

le train

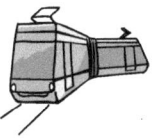

tramvay

le tramway

vaqon

le wagon

helikopter

l'hélicoptère

hava limanı

l'aéroport

qüllə

la tour

sərnişin

le passager

konteyner

le conteneur

karton qutu

le carton

əl arabası

le chariot

səbət

la corbeille

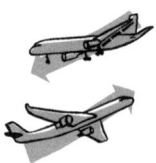

qalxmaq / enmək

décoller / atterrir

şəhər
la ville

kənd

le village

şəhər mərkəzi

le centre-ville

ev

la maison

kino
le cinéma

reklam
la publicité

küçə lampası
le réverbère

küçə
la rue

taksi
le taxi

qəlyənaltı dükanı
le kiosque

piyada keçidi
le piéton

səki
le trottoir

zebra keçid
le passage piéton

zibil qabı
la poubelle

yol qovşağı
le carrefour

işıqfor
les feux de circulation

daxma
la cabane

mənzil
l'appartement

dəmir yolu stansiyası
la gare

bələdiyyə binası
la mairie

muzey
le musée

məktəb
l'école

şəhər - la ville

universitet

l'université

bank

la banque

xəstəxana

l'hôpital

mehmanxana

l'hôtel

aptek

la pharmacie

ofis

le bureau

kitab dükkanı

la librairie

dükan

le magasin

çiçək dükanı

le fleuriste

supermarket

le supermarché

bazar

le marché

univermaq

le grand magasin

balıq satıcısı

la poissonnerie

ticarət mərkəzi

le centre commercial

liman

le port

park
le parc

oturacaq
la banque

körpü
le pont

pilləkən
les escaliers

metro
le métro

tunel
le tunnel

avtobus dayanacağı
l'arrêt de bus

bar
le bar

restoran
le restaurant

poçt qutusu
la boîte à lettres

küçə nişanı
le panneau indicateur

parkinq sayğacı
le parcmètre

zoopark
le zoo

üzgüçülük hovuzu
le réverbère

məscid
la mosquée

ferma

la ferme

ətraf mühitin çirklənməsi

la pollution

məzarlıq

la cimetière

kilsə

l'église

oyun meydançası

l'aire de jeux

məbəd

le temple

mənzərə
le paysage

yarpaq
la feuille

yol nişanı
le panneau indicateur

yol
le chemin

çəmən
le pré

daş
la pierre

piyada səyyah
le randonneur

ağac
l'arbre

çay
la rivière

ot
l'herbe

gül
la fleur

vadi

la vallée

təpə

la montagne

göl

le lac

meşə

la forêt

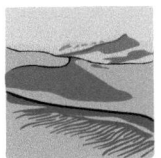

səhra

le désert

vulkan

le volcan

qəsr

le château

göy qurşağı

l'arc-en-ciel

göbələk

le champignon

palma

le palmier

ağcaqanad

le moustique

milçək

la mouche

qarışqa

les fourmis

arı

l'abeille

hörümçək

l'araignée

böcək

le coléoptère

qurbağa

la grenouille

dələ

l'écureuil

kirpi

le hérisson

dovşan

le lièvre

bayquş

la chouette

quş

l'oiseau

qu quşu

le cygne

qaban

le sanglier

maral

le cerf

sığın

l'élan

su bəndi

le barrage

külək turbini

l'éolienne

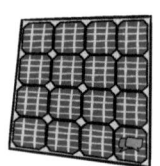

günəş batareyası

le panneau solaire

iqlim

le climat

ofisiant
le serveur

menyu
le menu

kreslo
la chaise

şorba
la soupe

pizza
la pizza

bıçaq, çəngəl, qaşıq
les couverts

süfrə
la nappe

məzə
les hors d'œuvre

əsas yemək
le plat principal

desert
le dessert

içkilər
les boissons

yemək
l'alimentation

şüşə
la bouteille

fast food
le fast-food

küçə yeməkləri
les plats à emporter

çaynik
la théière

qəndqabı
le sucrier

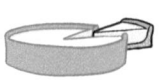

pay
la portion

espresso maşını
la machine à expresso

hündür uşaq kreslosu
la chaise haute

faktura
la facture

nimçə
le plateau

bıçaq
le couteau

çəngəl
la fourchette

qaşıq
la cuillère

çay qaşığı
la cuillère à thé

salfet
la serviette

şüşə
le verre

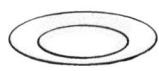

boşqab

l'assiette

şorba boşqabı

l'assiette à soupe

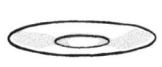

nəlbəki

la soucoupe

sous

la sauce

duz qabı

la salière

bibərüyüdən

le moulin à poivre

sirkə

le vinaigre

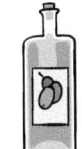

duru yağ

l'huile

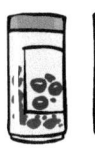

ədviyyat

les épices

ketçup

le ketchup

xardal

la moutarde

mayonez

la mayonnaise

supermarket

le supermarché

xüsusi təklif
l'offre promotionnelle
FOR
müştəri
le client
süd məhsulları
les produits laitiers
meyvə
les fruits
alış-veriş arabası
le chariot

BUTCHERS

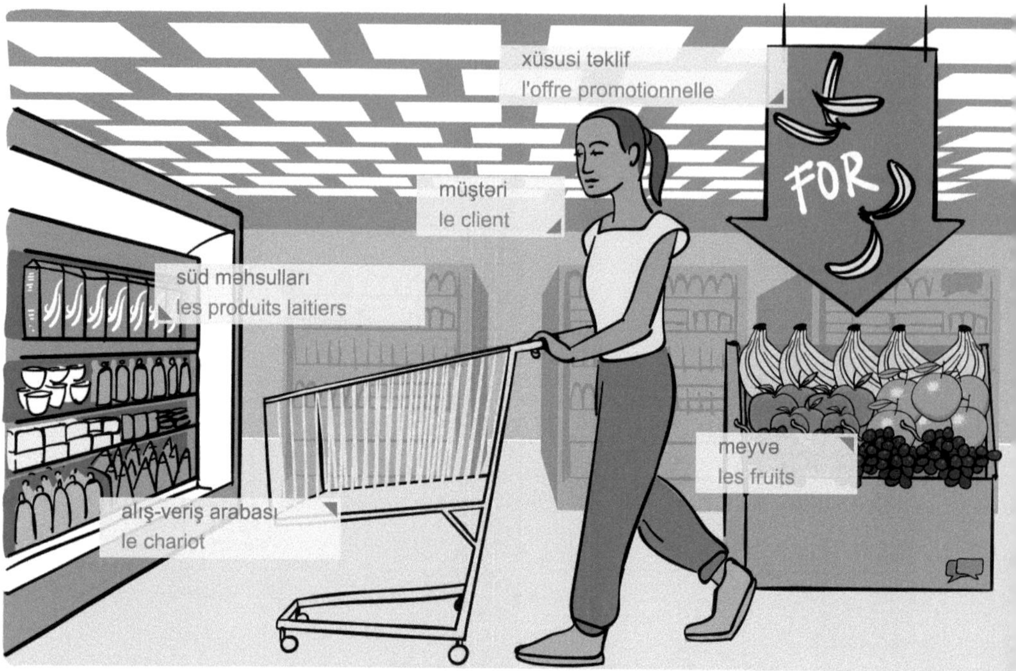

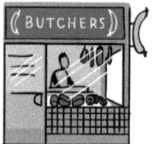

qəssab dükanı

la boucherie

BAKERY

çörəkçi

la boulangerie

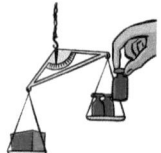

çəkmək

peser

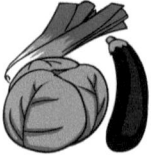

tərəvəz

les légumes

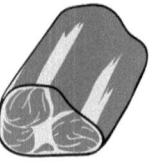

ət

la viande

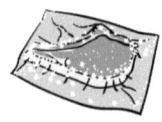

dondurulmuş qida

les aliments surgelés

soyuq ət yeməyi
la charcuterie

konservləşdirilmiş qida
les conserves

yuyucu toz
la poudre à lessive

şirniyyat
les bonbons

təsərrüfat malları
les articles ménagers

yuyucu vasitələr
les détergents

satıcı
la vendeuse

kassa
la caisse

kassir
le caissier

alış-veriş siyahısı
la liste d'achats

iş saatları
les heures d'ouverture

pul kisəsi
le portefeuille

kredit kartı
la carte de crédit

torba
le sac

plastik torba
le sac en plastique

su

l'eau

şirə

le jus de fruit

süd

le lait

cola

le coca

şərab

le vin

pivə

la bière

alkoqollu içkilər

l'alcool

kakao

le chocolat chaud

çay

le thé

qəhvə

le café

espresso

l'expresso

kapuçino

le cappuccino

banan

la banane

alma

la pomme

portağal

l'orange

yemiş

le melon

limon

le citron.

yerkökü

la carotte

sarımsaq

l'ail

bambuq

le bambou

soğan

l'oignon

göbələk

le champignon

qoz-fındıq

les noisettes

əriştə

les pâtes

spagetti
les spaghetti

düyü
le riz

salat
la salade

cips
les pommes frites

qızardılmış kartof
les pommes de terre rôties

pizza
la pizza

hamburger
le hamburger

sandviç
le sandwich

eskalop
l'escalope

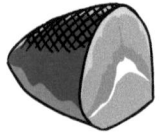

hisə verilmiş donuz əti
le jambon

salyami
le salami

kolbasa
la saucisse

toyuq
le poulet

qızardılmış ət tikəsi
le rôti

balıq
le poisson

yulaf yarması

les flocons d'avoine

müsli

le muesli

partlaq qarğıdalı

les cornflakes

un

la farine

kruassan

le croissant

bulka

les petits-pains

çörək

le pain

tost

le pain grillé

peçenye

les biscuits

kərə yağı

le beurre

kəsmik

le fromage blanc

tort

le gâteau

yumurta

l'œuf

qayğanaq

l'œuf au plat

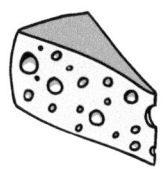

pendir

le fromage

dondurma

la glace

şəkər

le sucre

bal

le miel

mürəbbə

la confiture

şokolad pastası

la crème nougat

köri

le curry

ferma
la ferme

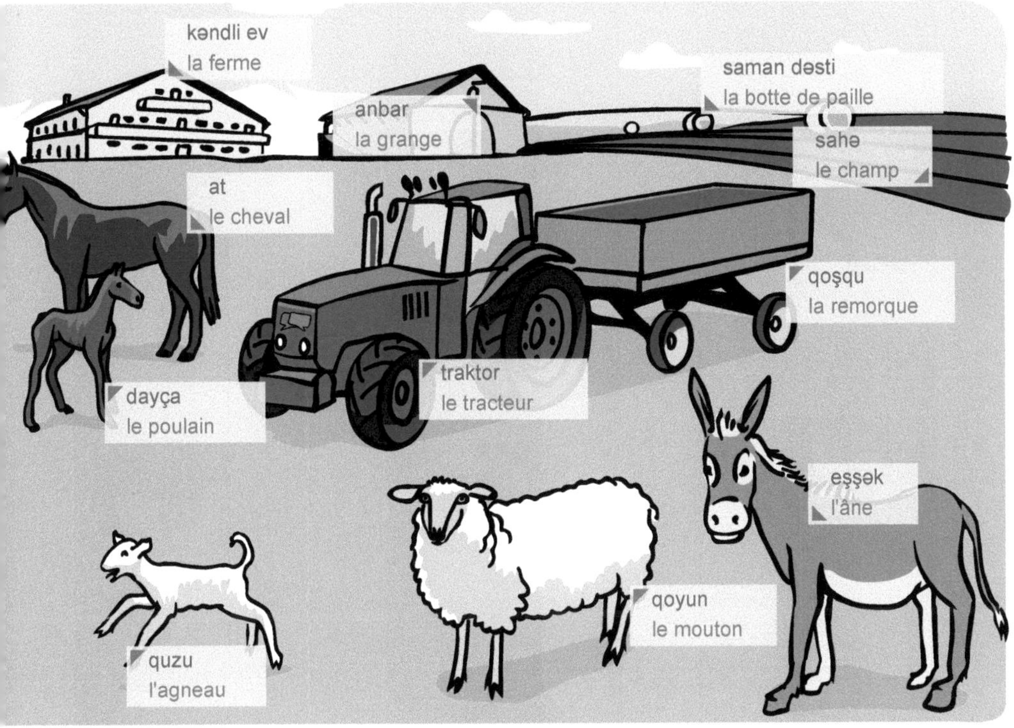
kəndli ev
la ferme
saman dəsti
la botte de paille
anbar
la grange
sahə
le champ
at
le cheval
qoşqu
la remorque
traktor
le tracteur
dayça
le poulain
eşşək
l'âne
qoyun
le mouton
quzu
l'agneau

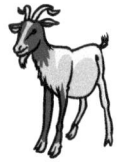

keçi

la chèvre

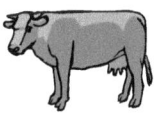

inək

la vache

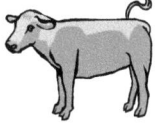

dana

le veau

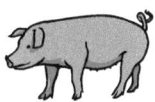

donuz

le porc

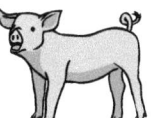

donuz balası

le porcelet

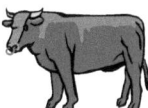

öküz

le taureau

qaz
l'oie

ördək
le canard

cücə
le poussin

toyuq
la poule

xoruz
le coq

siçovul
le rat

pişik
le chat

siçan
la souris

öküz
le bœuf

it
le chien

itdamı
le chenil

bağ şlanqı
le tuyau de jardin

susəpən
l'arrosoir

dəryaz
la faucheuse

kotan
la charrue

oraq

la faucille

kətman

la pioche

yaba

la fourche

balta

la hache

əl arabası

la brouette

çalov

la cuve

süd bidonu

le pot à lait

çuval

le sac

çəpər

la clôture

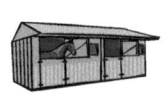

tövlə

l'étable

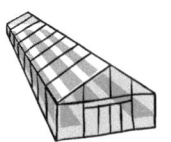

istixana

le serre

torpaq

le sol

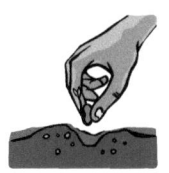

toxum

les semences

gübrə

l'engrais

taxılbiçən kombayn

la moissonneuse-batteuse

məhsul yığmaq

récolter

məhsul yığımı

la récolte

yam

l'igname

buğda

le blé

soya

le soja

kartof

la pomme de terre

dən

le maïs

raps

le colza

meyvə ağacı

l'arbre fruitier

maniok

le manioc

yarma

les céréales

ev

la maison

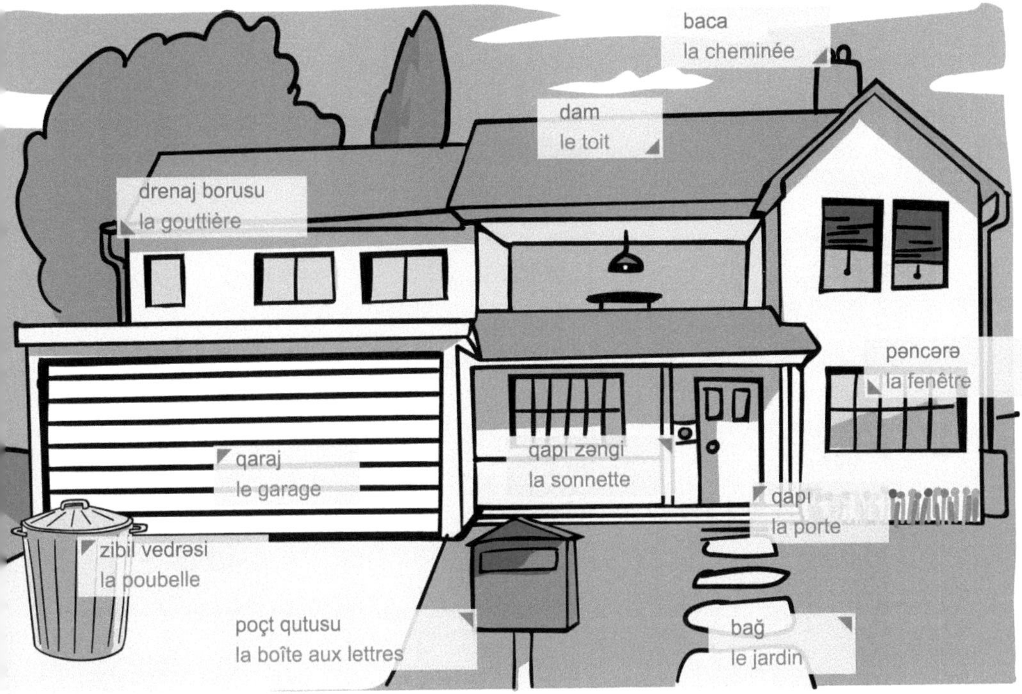
baca
la cheminée
dam
le toit
drenaj borusu
la gouttière
pəncərə
la fenêtre
qaraj
le garage
qapı zəngi
la sonnette
qapı
la porte
zibil vedrəsi
la poubelle
poçt qutusu
la boîte aux lettres
bağ
le jardin

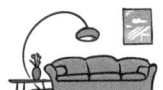

qonaq otağı

le salon

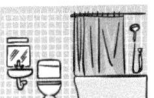

hamam otağı

la salle de bain

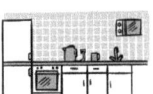

mətbəx

la cuisine

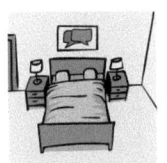

yataq otağı

la chambre à coucher

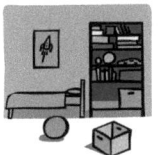

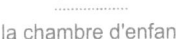

uşaq otaqı

la chambre d'enfant

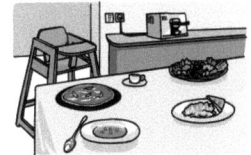

yemək otağı

la salle à manger

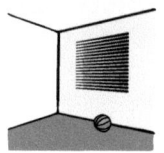

döşəmə
le sol

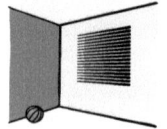

divar
le mur

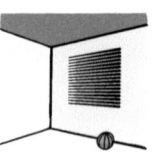

tavan
le plafond

zirzəmi
la cave

sauna
le sauna

balkon
le balcon

terras
la terrasse

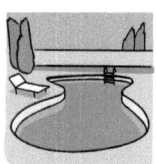

üzgüçülük hovuzu
la piscine

otbiçən maşın
la tondeuse à gazon

mələfə
la housse

yataq örtüyü
la couette

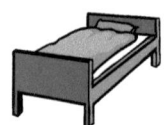

yataq
le lit

süpürgə
le balai

vedrə
le sceau

elektrik açarı
l'interrupteur

qonaq otağı

le salon

divar kağızı
le papier peint
şəkil
l'image
lampa
la lampe
rəf
l'étagère
şkaf
l'armoire
televiziya
la télé
buxarı
la cheminée
gül
la fleur
yastıq
le coussin
divan
le sofa
vaza
le vase
uzaqdan idarəetmə
la télécommande

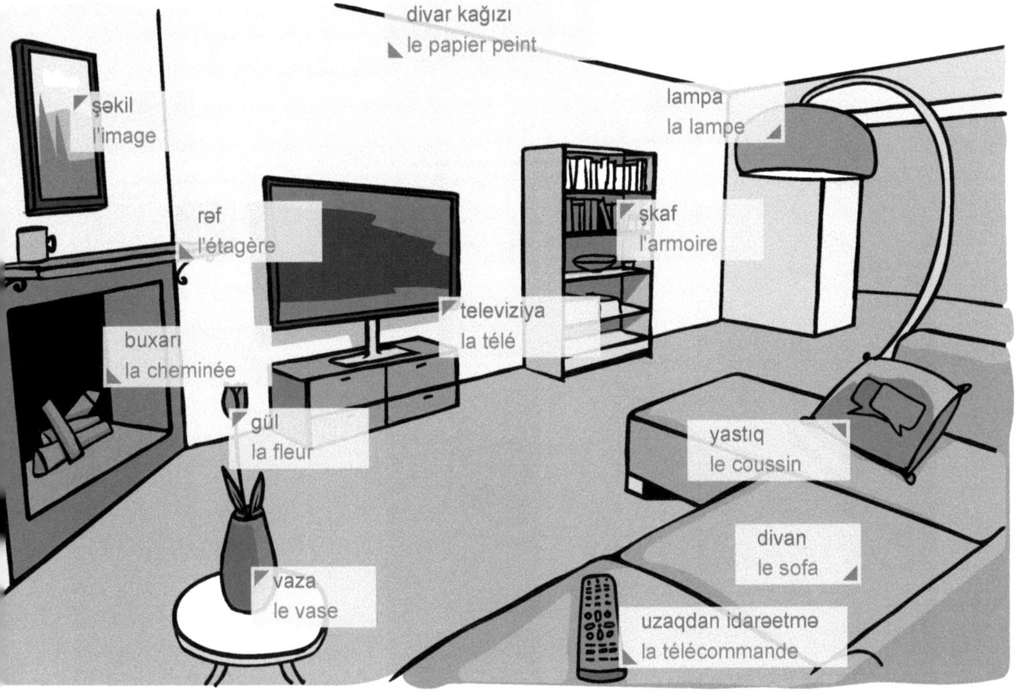

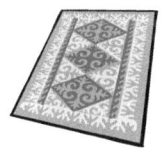

xalça

le tapis

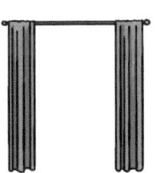

pərdə

le rideau

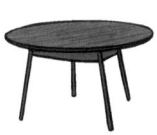

masa

la table

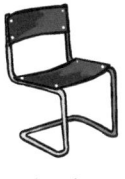

kreslo

la chaise

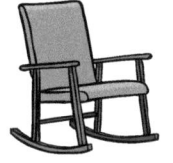

yırğalanan stul

la chaise à bascule

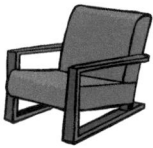

kreslo

le fauteuil

kitab

le livre

yorğan

la couverture

bəzək

la décoration

odun

le bois de chauffage

film

le film

stereo səs sistemi

la chaîne hi-fi

açar

la clé

qəzet

le journal

rəsm əsəri

la peinture

plakat

le poster

radio

la radio

bloknot

le bloc-notes

tozsoran

l'aspirateur

kaktus

le cactus

şam

la bougie

mətbəx
la cuisine

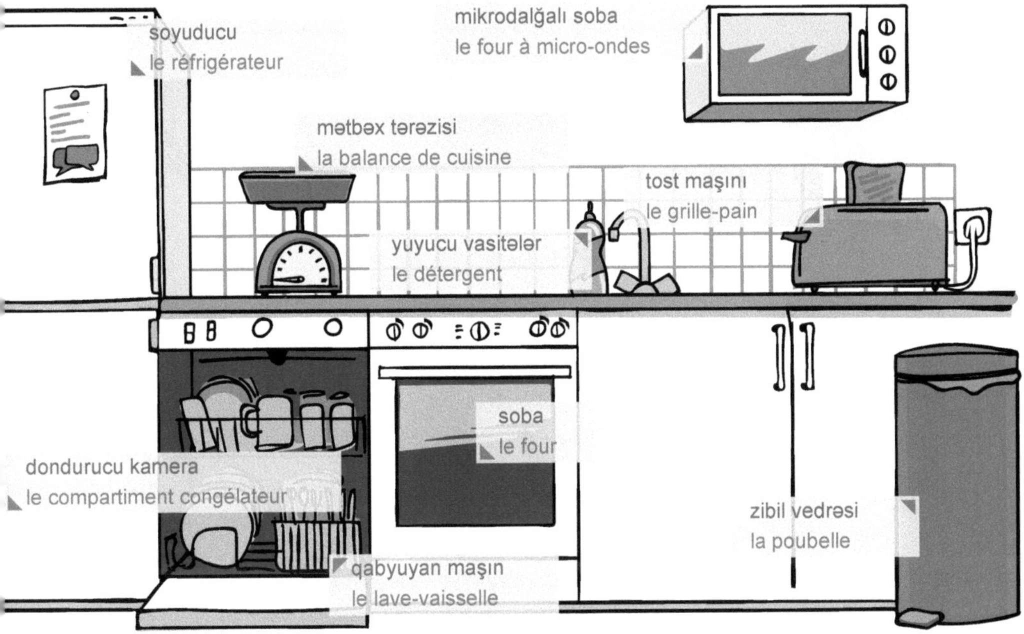
soyuducu
le réfrigérateur
mikrodalğalı soba
le four à micro-ondes
mətbəx tərəzisi
la balance de cuisine
tost maşını
le grille-pain
yuyucu vasitələr
le détergent
soba
le four
dondurucu kamera
le compartiment congélateur
zibil vedrəsi
la poubelle
qabyuyan maşın
le lave-vaisselle

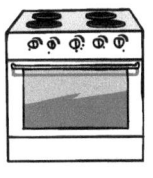

soba
....
le four

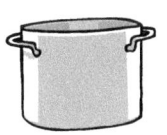

qazan
....
la casserole

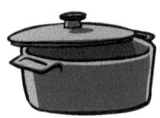

çuqun qazan
....
la marmite

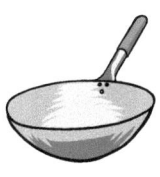

vok / kadai
....
le wok / kadai

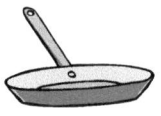

tava
....
la poêle

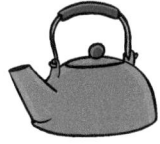

çaydan
....
la bouilloire electrique

buxar qazanı

le cuiseur vapeur

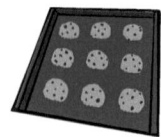

sac

la plaque de cuisson

qab

la vaisselle

fincan

le gobelet

ləyən

la coupe

yemək üçün çubuqlar

les baguettes

çömçə

la louche

spatula

la spatule

çırpıcı

le fouet

süzgəc

la passoire

ələk

le tamis

sürtgəc

la râpe

həvəngdəstə

le mortier

barbekyu

le barbecue

ocaq

la cheminée

doğrama taxtası

la planche à découper

oxlov

le rouleau à pâtisserie

probkaçıxaran

le tire-bouchon

banka

la boîte

bankaağzıaçan

l'ouvre-boîte

qabtutan

les maniques

əl üz yuyan

le lavabo

fırça

la brosse

süngər

l'éponge

blender

le mixeur

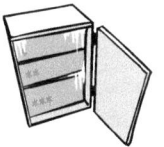

dondurucu

le congélateur

körpə şüşəsi

le biberon

kran

le robinet

hamam otağı
la salle de bain

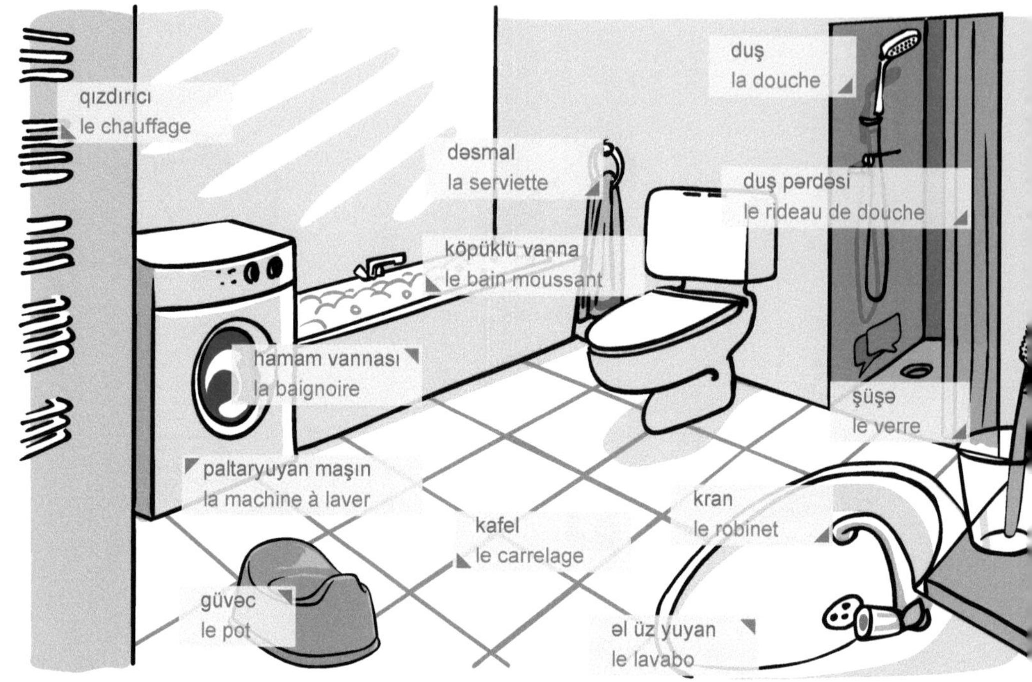

duş
la douche
qızdırıcı
le chauffage
dəsmal
la serviette
duş pərdəsi
le rideau de douche
köpüklü vanna
le bain moussant
hamam vannası
la baignoire
şüşə
le verre
paltaryuyan maşın
la machine à laver
kran
le robinet
kafel
le carrelage
güvəc
le pot
əl üz yuyan
le lavabo

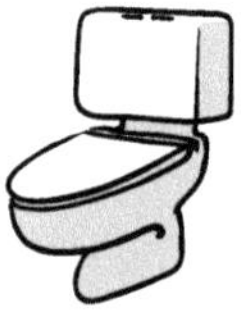

tualet

les toilettes

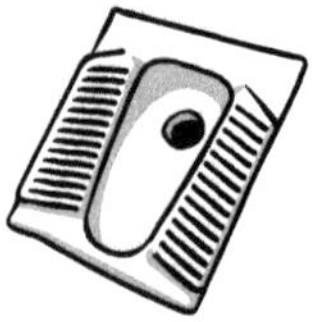

çömbəlmə tualet

la toilette à la turque

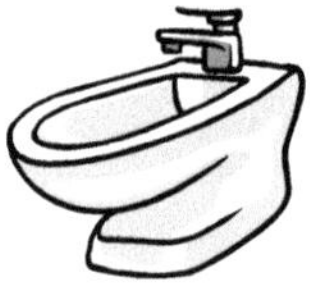

bide

le bidet

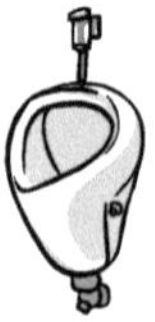

urinal

l'urinoir

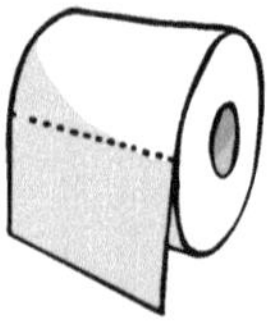

tualet kağızı

le papier toilette

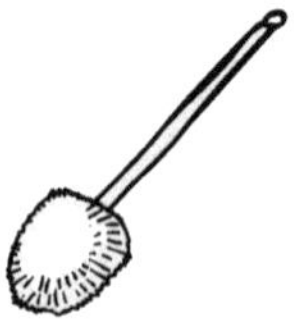

tualet fırçası

la brosse à toilette

diş fırçası

la brosse à dents

diş pastası

le dentifrice

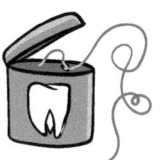

diş ipi

le fil dentaire

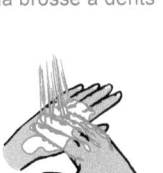

yumaq

laver

əl duşu

la douche manuelle

intim duş

la douche intime

taz

la vasque

bel fırçası

la brosse dorsale

sabun

le savon

duş üçün gel

le gel douche

şampun

le shampooing

əsgi

le gant de toilette

drenaj

l'écoulement

krem

la crème

dezodorant

le déodorant

güzgü

le miroir

əl güzgüsü

le miroir cosmétique

ülgüc

le rasoir

üz qırxmaq üçün köpük

la mousse à raser

təraşdan sonra su

l'après-rasage

daraq

la peigne

fırça

la brosse

fen

le sèche-cheveux

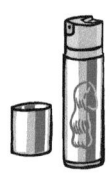

saç spreyi

la laque pour cheveux

makiyaj

le fond de teint

dodaq boyası

le rouge à lèvres

dırnaq lakı

le vernis à ongles

pambıq

l'ouate

dırnaq qayçısı

le coupe-ongles

ətir

le parfum

gigiyenik torba
la trousse de toilette

kətil
le tabouret

tərəzi
le pèse-personne

hamam xalatı
le peignoir

rezin əlcək
les gants de nettoyage

tampon
le tampon

gigiyenik salfet
les serviettes hygiéniques

kimyəvi tualet
la toilette chimique

uşaq otaqı
la chambre d'enfant

zəngli saat
le réveil
yumşaq oyuncaq
le doudou
oyuncaq avtomobil
la voiture jouet
cingilti
le hochet
kukla evciyi
la maison de poupée
hədiyyə
le cadeau

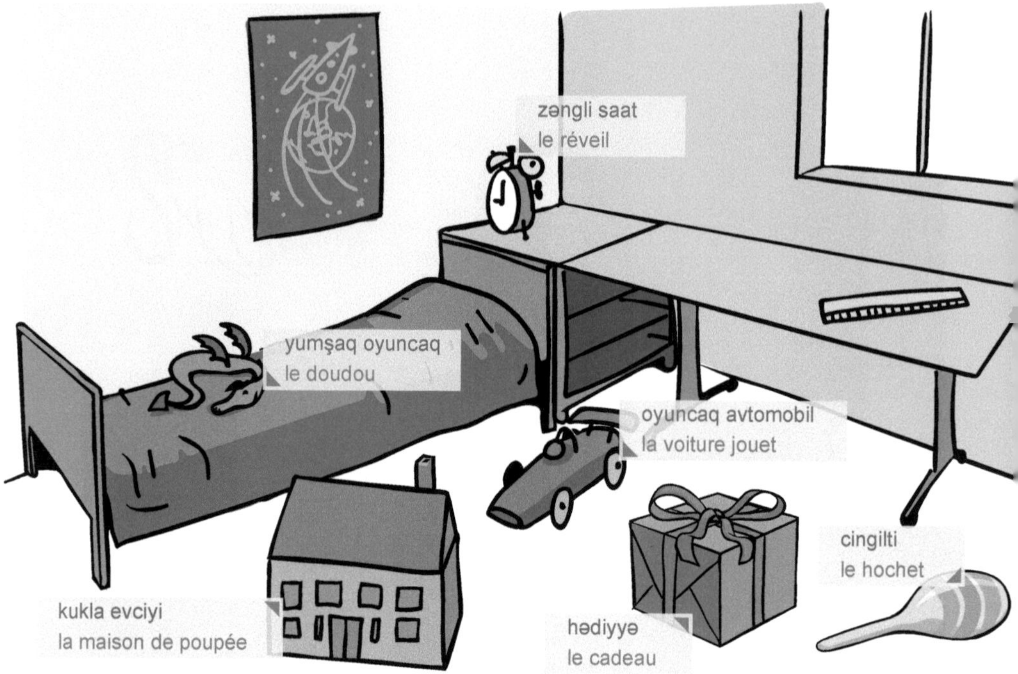

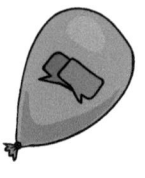

balon
le ballon

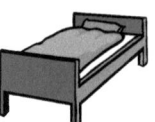

yataq
le lit

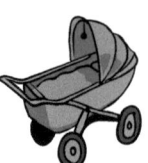

uşaq arabası
la poussette

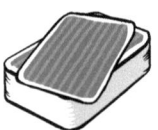

kart dəsti
le jeu de cartes

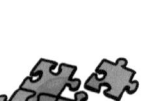

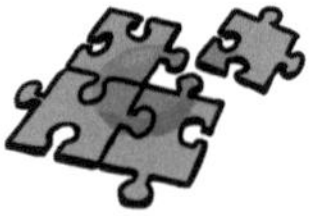

elektrik mişarı
le puzzle

SUPER MEGA

komik
la bande dessinée

leqo kərpici

les pièces lego

konstruktor blokları

les blocs de construction

oyuncaq-personaj

la figurine

yeni doğulmuş körpələr
üçün geyimi

la grenouillère

frisbi

le frisbee

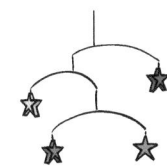

yataq üstünə asılan körpə
oyuncağı

le mobile

masaüstü oyun

le jeu de société

zər

le dé

oyuncaq qatar

le train miniature

emzik

la sucette

qonaqlıq

la fête

rəsmli kitab

le livre d'images

top

la balle

kukla

la poupée

oynamaq

jouer

qum qutusu

le bac à sable

yellancak

la balançoire

oyuncaqlar

les jouets

video oyun konsolu

la console de jeu

üç təkərli velosiped

le tricycle

plüşdən hazırlanmış oyuncaq ayı

l'ours en peluche

şkaf

l'armoire

geyim

les vêtements

corab

les chaussettes

corab

les bas

kalqotka

le collant

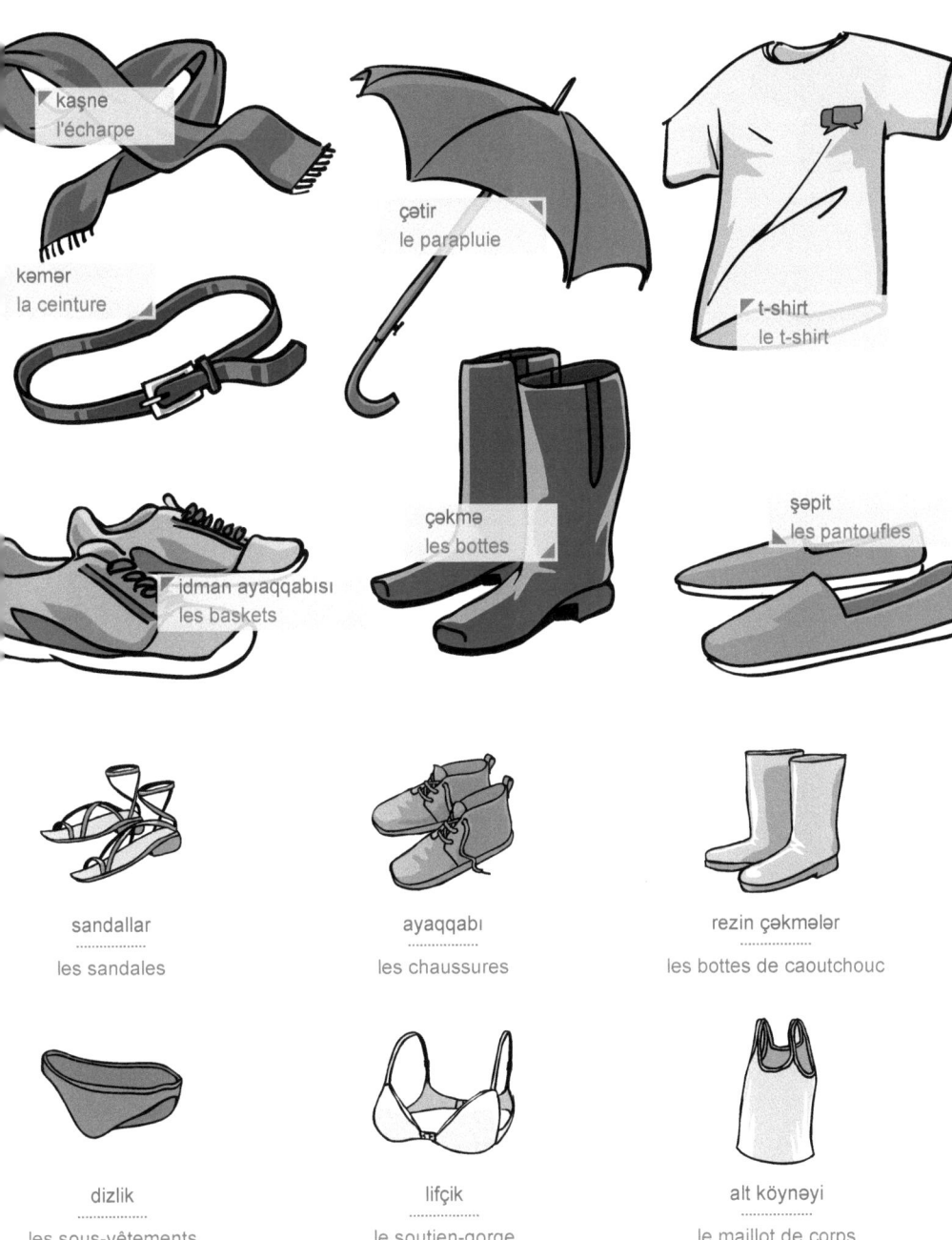

kaşne
l'écharpe

çətir
le parapluie

t-shirt
le t-shirt

kəmər
la ceinture

idman ayaqqabısı
les baskets

çəkmə
les bottes

şəpit
les pantoufles

sandallar
les sandales

ayaqqabı
les chaussures

rezin çəkmələr
les bottes de caoutchouc

dizlik
les sous-vêtements

lifçik
le soutien-gorge

alt köynəyi
le maillot de corps

geyim - les vêtements

alt paltarı

le body

şalvar

le pantalon

cins

le jean

yubka

la jupe

bluza

le chemisier

köynək

la chemise

sviter

le pull

başlıqlı idman gödəkçəsi

le sweat à capuche

gödəkçə

la veste

gödəkcə

la veste

pencək

le manteau

plaş

l'imperméable

kostyum

le costume

paltar

la robe

gəlin paltarı

la robe de mariée

kostyum
le costume

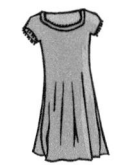

gecə köynəyi
la chemise de nuit

pijama
le pyjama

sari
le sari

hicab / eşarp
le foulard

çalma
le turban

burka
la burqa

kaftan
le caftan

abaya
l'abaya

çimərlik geyimi
le maillot de bain

tumuş
le maillot de bain

şort
le short

məşq kostyumu
la tenue d'entraînement

önlük
le tablier

əlcək
les gants

düymə

le bouton

eynək

les lunettes

bilərzik

le bracelet

boyunbağı

le collier

üzük

la bague

sırğa

la boucle d'oreille

papaq

le bonnet

asılqan

le cintre

papaq

le chapeau

qalstuk

la cravate

zəncirbənd

la fermeture éclair

dəbilqə

le casque

aşırma

les bretelles

məktəb uniforması

l'uniforme scolaire

uniforma

l'uniforme

döşlük
le bavoir

emzik
la sucette

körpə bezi
la lange

x

ofis

le bureau

server
le serveur

arxiv şkafı
l'armoire d'archivage

printer
l'imprimante

monitor
l'écran

kağız
le papier

iş masası
le bureau

siçan
la souris

qovluq
le classeur

klaviatura
le clavier

zibil qutusu
la corbeille à papier

kompyuter
l'ordinateur

stul
la chaise

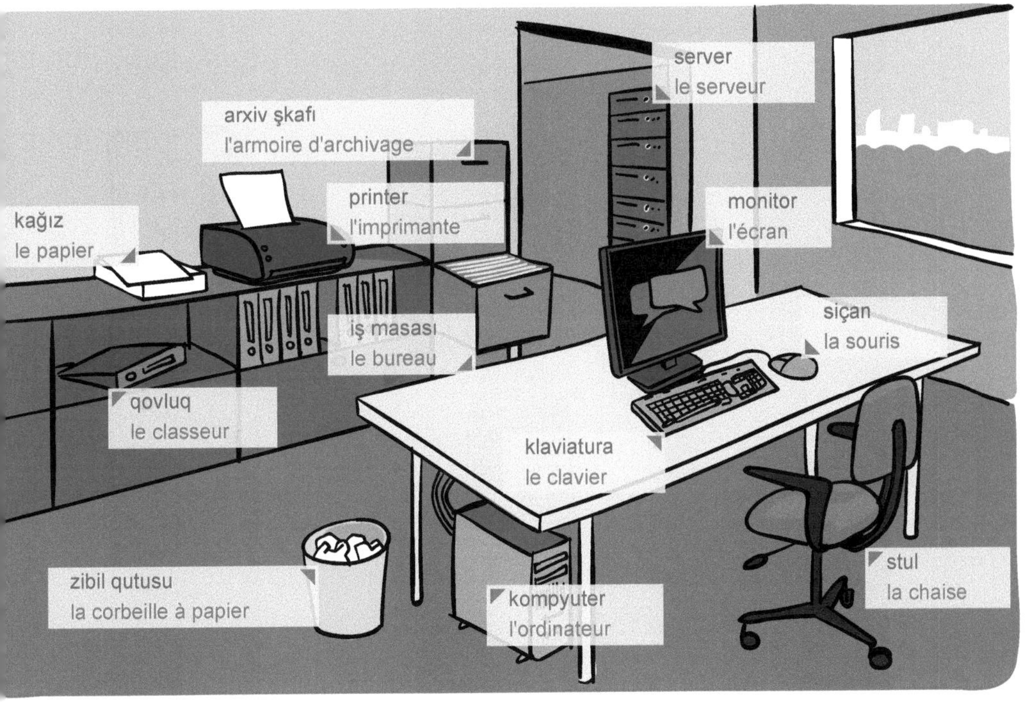

qəhvə fincanı
la tasse de café

kalkulyator
la calculatrice

internet
l'internet

x

laptop

l'ordinateur portable

məktub

la lettre

mesaj

le message

mobil telefon

le portable

şəbəkə

le réseau

surətçıxaran maşın

la photocopieuse

proqram təminatı

le logiciel

telefon

le téléphone

ştepsel

la prise

faks

le fax

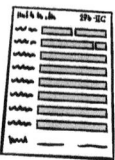

forma

le formulaire

sənəd

le document

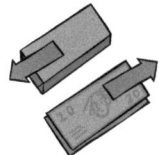

satın almaq

acheter

ödəmək

payer

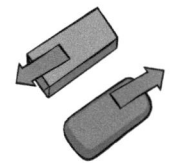

alverlə məşğul olmaq

faire du commerce

pul

la monnaie

 USD

dollar

le dollar

 EUR

avro

l'euro

JPY

yen

le yen

RUB

rubl

le rouble

CHF

frank

le franc suisse

CNY

renminbi yuan

le renminbi yuan

INR

rupi

la roupie

bankomat

le distributeur automatique

valyuta mübadiləsi
məntəqəsi
....
le bureau de change

qızıl
....
l'or

gümüş
....
l'argent

neft
....
le pétrole

enerji
....
l'énergie

qiymət
....
le prix

müqavilə
....
le contrat

vergi
....
la taxe

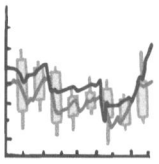

səhm
....
l'action

işləmək
....
travailler

işçi
....
l'employé

işəgötürən
....
l'employeur

fabrik
....
l'usine

dükan
....
le magasin

peşə
les professions

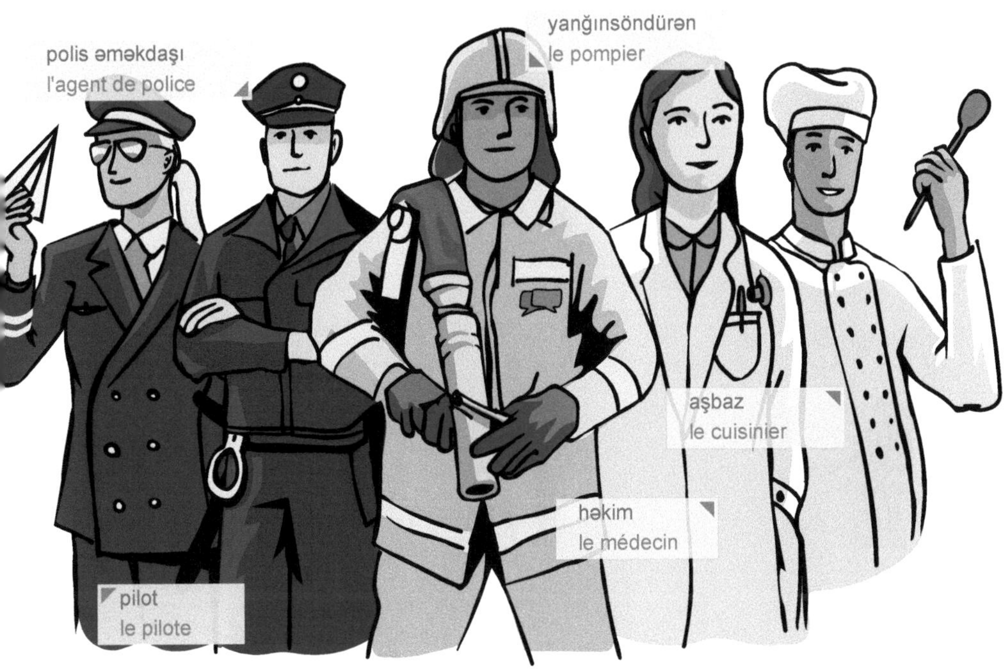

polis əməkdaşı
l'agent de police
yanğınsöndürən
le pompier
aşbaz
le cuisinier
həkim
le médecin
pilot
le pilote

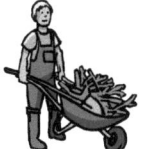

bağban

le jardinier

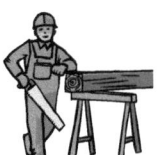

dülgər

le menuisier

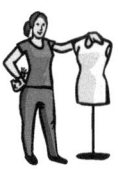

dərzi

la couturière

hakim

le juge

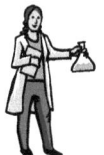

kimyaçı

le chimiste

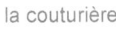

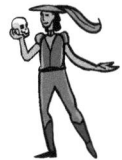

aktyor

l'acteur

avtobus sürücüsü

le conducteur de bus

taksi sürücüsü

le chauffeur de taxi

balıqçı

le pêcheur

xadimə

la femme de ménage

dam işçisi

le couvreur

ofisiant

le serveur

ovçu

le chasseur

rəssam

le peintre

çörəkçi

le boulanger

elektrik ustası

l'électricien

inşaat işçisi

l'ouvrier

mühəndis

l'ingénieur

qəssab

le boucher

santexnik

le plombier

poçtalyon

le facteur

əsgər

le soldat

memar

l'architecte

kassir

le caissier

gül-çiçək satıcısı

le fleuriste

bərbər

le coiffeur

konduktor

le contrôleur

mexanik

le mécanicien

kapitan

le capitaine

diş həkimi

le dentiste

alim

le scientifique

ravvin

le rabbin

imam

l'imam

rahib

le moine

keşiş

le prêtre

alətlər
les outils

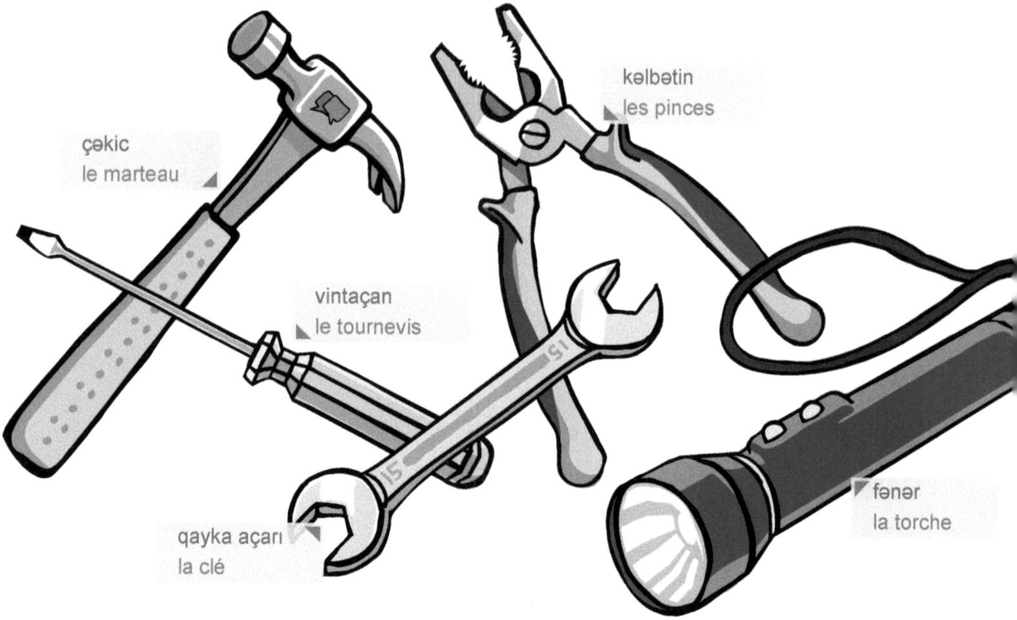
çəkic
le marteau
kəlbətin
les pinces
vintaçan
le tournevis
qayka açarı
la clé
fənər
la torche

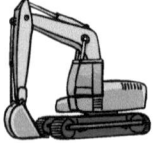

ekskavator

la pelleteuse

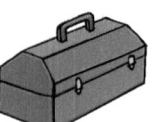

alətlər qutusu

la boîte à outils

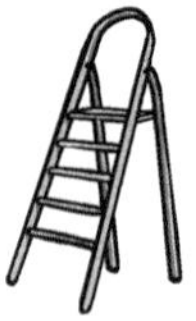

nərdivan

l'échelle

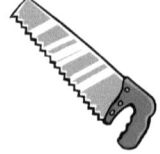

mişar

la scie

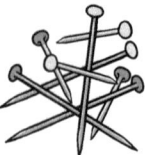

dırnaqlar

les clous

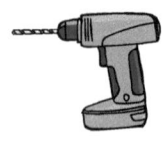

drel

la perceuse

təmir etmək
....
réparer

kürək
....
la pelle

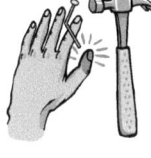

Lənət olsun!
....
Mince !

xəkəndaz
....
la pelle

boya vedrəsi
....
le pot de peinture

vintlər
....
les vis

musiqi alətləri
les instruments de musique

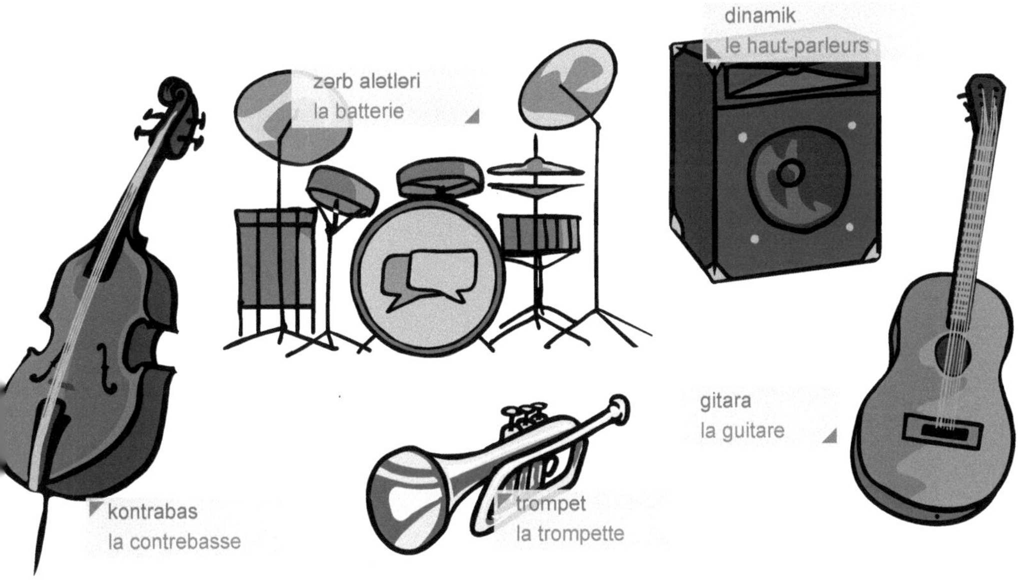

dinamik
le haut-parleurs

zərb alətləri
la batterie

gitara
la guitare

kontrabas
la contrebasse

trompet
la trompette

fortepiano

le piano

skripka

le violon

bas

la basse

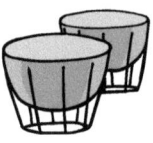

timpani

les timbales

nağara

le tambour

sintezator

le piano électrique

saksafon

le saxophone

fleyta

la flûte

mikrofon

le microphone

musiqi alətləri - les instruments de musique

zoopark
le zoo

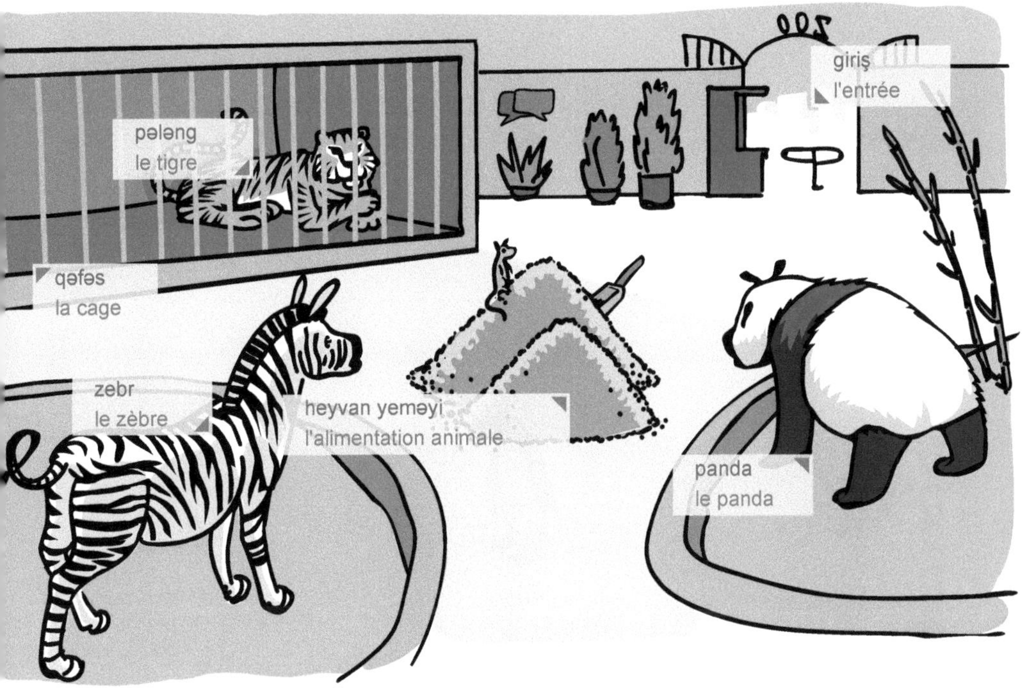

pələng
le tigre
giriş
l'entrée
qəfəs
la cage
zebr
le zèbre
heyvan yeməyi
l'alimentation animale
panda
le panda

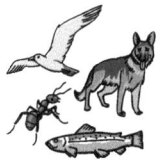

heyvanlar
....
les animaux

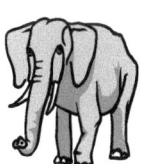

fil
....
l'éléphant

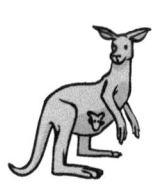

kenquru
....
le kangourou

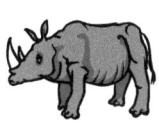

kərgədan
....
le rhinocéros

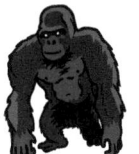

qorilla
....
le gorille

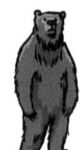

ayı
....
l'ours

dəvə

le chameau

dəvəquşu

l'autruche

aslan

le lion

meymun

le singe

flamingo

le flamand rose

tutuquşu

le perroquet

qütb ayısı

l'ours polaire

pinqvin

le pingouin

köpəkbalığı

le requin

tovuz

le paon

ilan

le serpent

timsah

le crocodile

zoopark işçisi

le gardien de zoo

suiti

le phoque

yaquar

le jaguar

poni
le poney

bəbir
le léopard

hippopotam
l'hippopotame

zürafə
la girafe

qartal
l'aigle

qaban
le sanglier

balıq
le poisson

tısbağa
la tortue

morj
le morse

tülkü
le renard

ceyran
la gazelle

idman

les sports

amerikan futbolu
l'american Football

velosiped sürmək
le cyclisme

tennis
le tennis

basketbol
le basket-ball

üzgüçülük
la natation

boks
la boxe

buz xokkeyi
le hockey sur glace

futbol
le football

badminton
le badminton

yüngül atletika
l'athlétisme

həndbol
le handball

xizək
le ski

polo
le polo

fəaliyyət
les activités

tullanmaq
sauter
qucaqlaşmaq
embrasser
gülmək
rire
getmək
marcher
oxumaq
chanter
yuxu qörmək
rêver
dua etmək
prier
öpüşmək
faire la bise

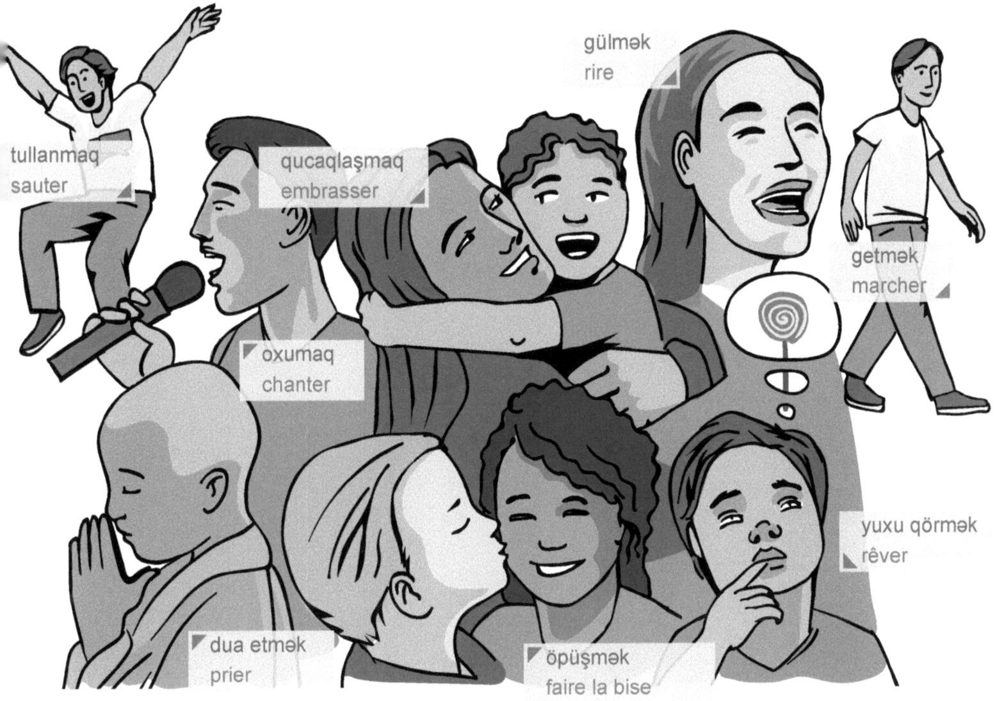

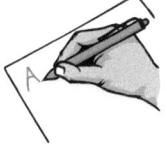

yazmaq

écrire

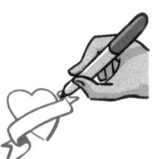

çəkmək

dessiner

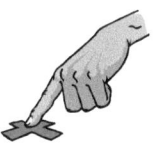

göstərmək

montrer

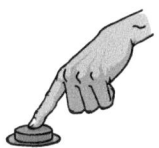

itələmək

pousser

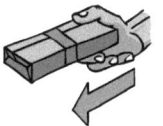

vermək

donner

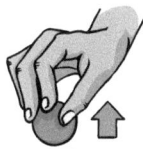

götürmək

prendre

sahibi olmaq

avoir

etmək

faire

olmaq

être

durmaq

être debout

qaçmaq

courir

çəkmək

trier

atmaq

jeter

düşmək

tomber

uzanmaq

être couché

gözləmək

attendre

daşımaq

porter

oturmaq

être assis

geyinmək

s'habiller

yatmaq

dormir

ayılmaq

se réveiller

baxmaq

regarder

ağlamaq

pleurer

sığallamaq

caresser

daramaq

peigner

danışmaq

parler

anlamaq

comprendre

soruşmaq

demander

dinləmək

écouter

içmək

boire

yemək

manger

təmizləmək

ranger

sevmək

aimer

bişirmək

cuire

sürmək

conduire

uçmaq

voler

fəaliyyət - les activités

üzmək

faire de la voile

hesablamaq

calculer

oxumaq

lire

öyrənmək

apprendre

işləmək

travailler

evlənmək

se marier

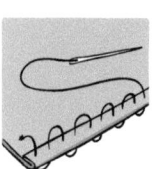

tikmək

coudre

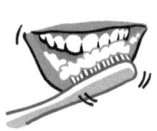

dişləri təmizləmək

brosser les dents

öldürmək

tuer

siqaret çəkmək

fumer

göndərmək

envoyer

fəaliyyət - les activités

ailə
la famille

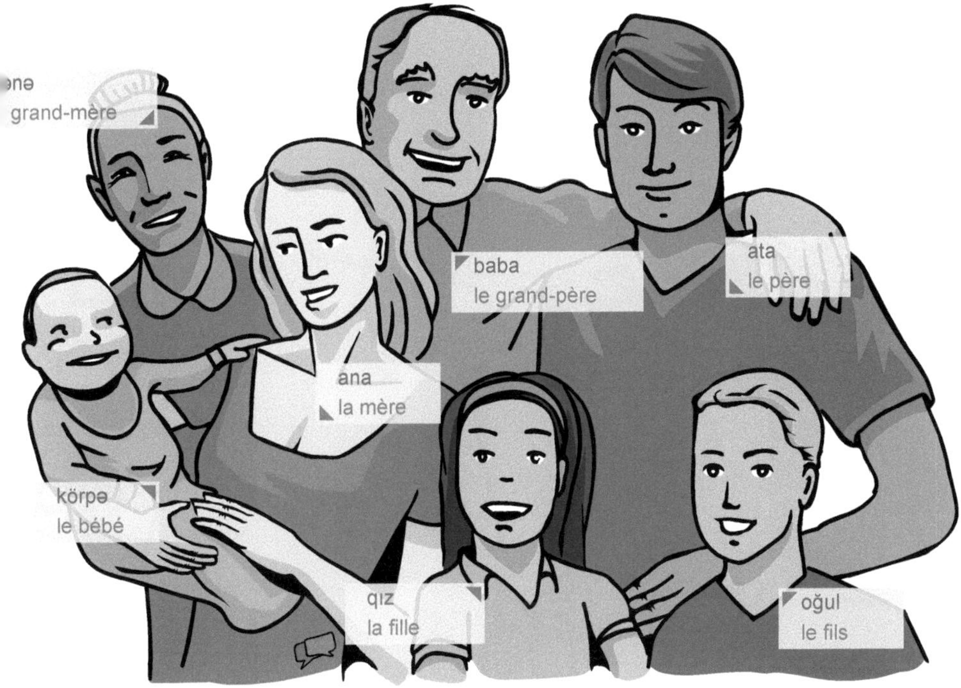

ənə
grand-mère
baba
le grand-père
ata
le père
ana
la mère
körpə
le bébé
qız
la fille
oğul
le fils

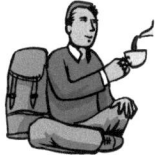

qonaq

l'hôte

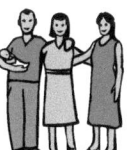

xala/bibi

la tante

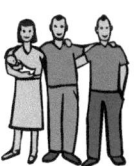

əmi/dayı

l'oncle

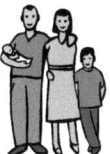

qardaş

le frère

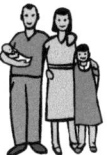

bacı

la sœur

bədən

le corps

alın
le front
göz
l'œil
çiyin
l'épaule
barmaq
le doigt
üz
le visage
buxaq
le menton
əl
la main
ayaq
la jambe
döş
la poitrine
qol
le bras

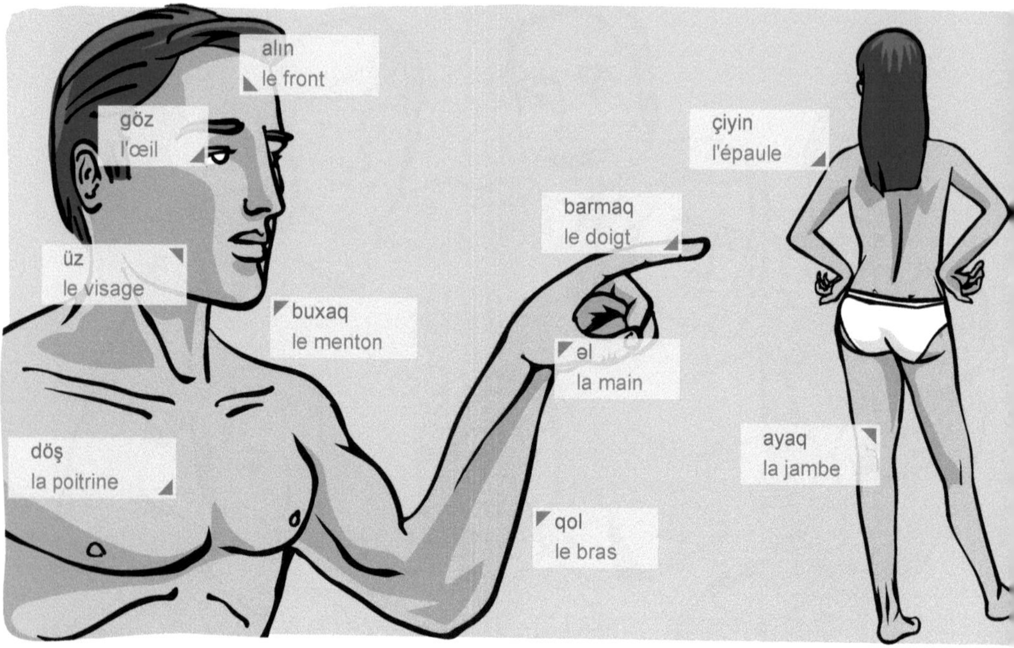

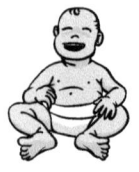

körpə

le bébé

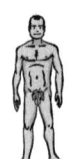

kişi

l'homme

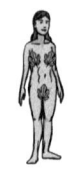

qadın

la femme

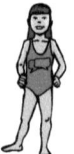

qız

la fille

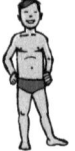

oğlan

le garçon

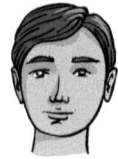

baş

la tête

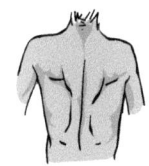

bel
le dos

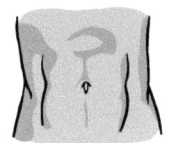

qarın
le ventre

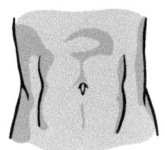

göbək
le nombril

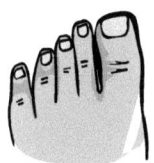

ayaq barmağı
l'orteil

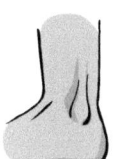

daban
le talon

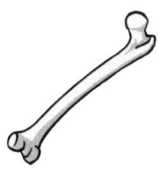

sümük
l'os

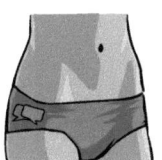

bud
la hanche

diz
le genou

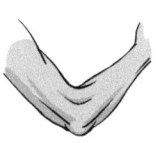

dirsək
le coude

burun
le nez

sağrı
les fesses

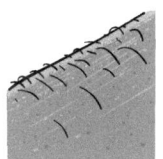

dəri
la peau

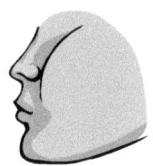

yanaq
la joue

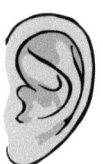

qulaq
l'oreille

dodaq
la lèvre

ağız
la bouche

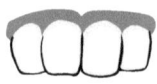

diş
la dent

dil
la langue

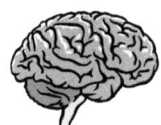

beyin
le cerveau

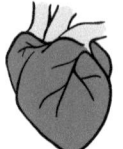

ürək
le cœur

əzələ
le muscle

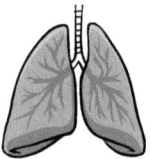

ağciyər
les poumons

qaraciyər
le foie

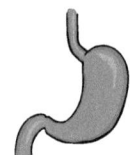

mədə
l'estomac

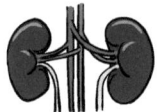

böyrəklər
les reins

cinsi yaxınlıq
le rapport sexuel

kondom
le préservatif

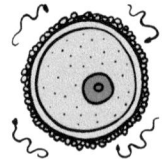

qadın cinsi hüceyrə
l'ovule

sperma
le sperme

hamiləlik
la grossesse

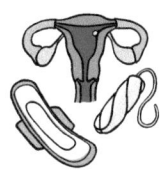

aybaşı

la menstruation

vagina

le vagin

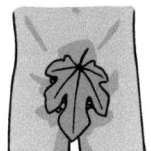

penis

le pénis

qaş

le sourcil

saç

les cheveux

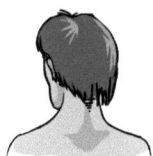

boyun

le cou

xəstəxana
l'hôpital

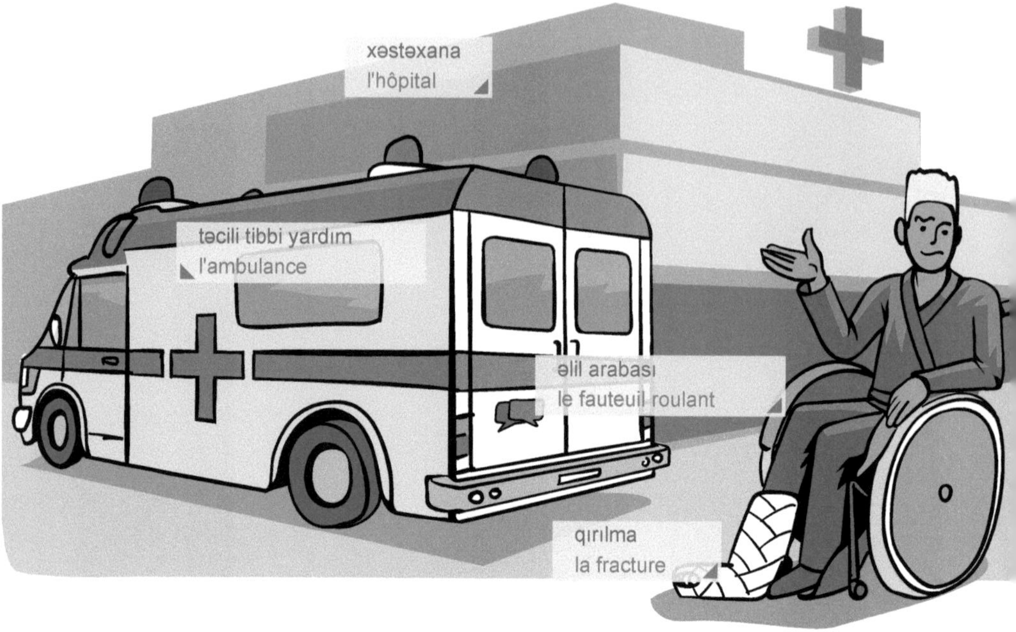

xəstəxana
l'hôpital
təcili tibbi yardım
l'ambulance
əlil arabası
le fauteuil roulant
qırılma
la fracture

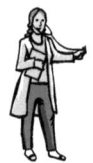

həkim

le médecin

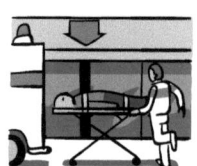

reanimasiya şöbəsi

le service des urgences

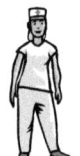

tibb bacısı

l'infirmière

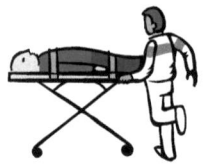

fövqəladə hallar

l'urgence

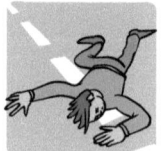

huşunu itirmiş

inconscient

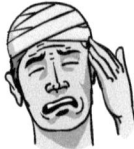

ağrı

la douleur

zədə

la blessure

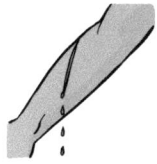

qanaxma

l'hémorragie

infarkt

la crise cardiaque

insult

l'attaque cérébrale

allergiya

l'allergie

öskürək

la toux

qızdırma

la fièvre

qrip

la grippe

ishal

la diarrhée

başağrısı

le mal de tête

xərçəng

le cancer

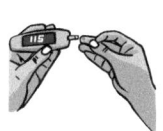

şəkərli diabet

le diabète

cərrah

le chirurgien

neştər

le scalpel

əməliyyat

l'opération

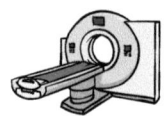

CT
le CT

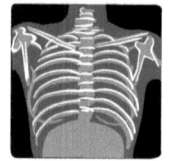

rentgen
la radiographie

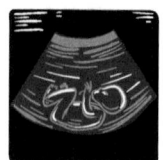

ultrasəs
l'échographie

maska
le masque

xəstəlik
la maladie

gözləmə otağı
la salle d'attente

qoltuqağacı
la béquille

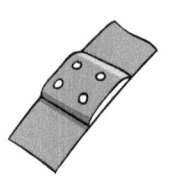

plaster
le pansement

sarğı
le pansement

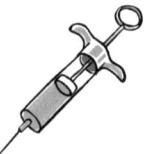

inyeksiya
l'injection

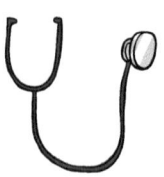

steteskop
le stéthoscope

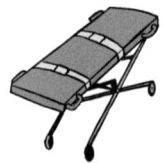

xərək
le brancard

hərarətölçən
le thermomètre

doğum
l'accouchement

çəki artıqlığı
la surcharge pondérale

eşitmə aparatı

l'appareil auditif

dezinfeksiyaedici

le désinfectant

infeksiya

l'infection

virus

le virus

QİÇS

le VIH / le sida

tibb

le médicament

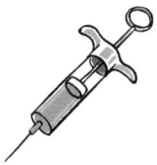

peyvənd

la vaccination

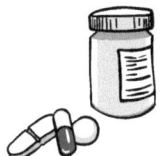

həblər

les comprimés

həb

la pilule

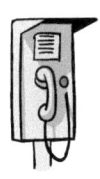

təcili zəng

l'appel d'urgence

qan təzyiqini ölçmək üçün cihaz

le tensiomètre

xəstə / sağlam

malade / sain

Kömək edin!

Au secours !

həyəcan siqnalı

l'alarme

basqın

l'assaut

hücum

l'attaque

təhlükə

le danger

ehtiyat çıxışı

la sortie de secours

Yanğın!

Au feu!

odsöndürən

l'extincteur

qəza

l'accident

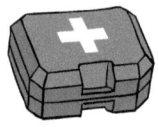

ilkin yardım qutus

la trousse de premier
secours

SOS

SOS

polis

la police

Avropa

l'Europe

Şimali Amerika

l'Amérique du Nord

Cənubi Amerika

l'Amérique du Sud

Afrika

l'Afrique

Asiya

l'Asie

Avstraliya

l'Australie

Atlantik

l'Océan atlantique

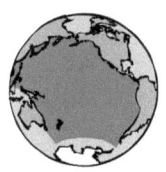

Sakit Okean

l'Océan pacifique

Hind okeanı

l'Océan indien

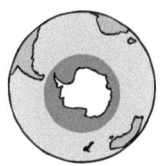

Antarktika Okeanı

l'Océan antarctique

Şimal Buzlu okeanı

l'Océan arctique

Şimal qütbü

le Pôle nord

Cənub qütbü

le Pôle sud

Antarktika

l'Antarctique

Yer kürəsi

la terre

ölkə

le pays

dəniz

la mer

ada

l'île

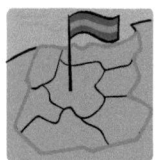

millət

la nation

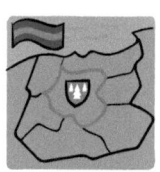

dövlət

l'état

siferblat

le cadran

saat əqrəbi

l'aiguille des heures

dəqiqə əqrəbi

l'aiguille des minutes

saniyə əqrəbi

l'aiguille des secondes

Saat neçədir?

Quelle heure est-il ?

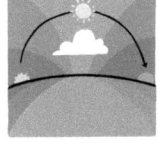

gün

le jour

vaxt

le temps

indi

maintenant

rəqəmsal saat

la montre digitale

dəqiqə

la minute

saat

l'heure

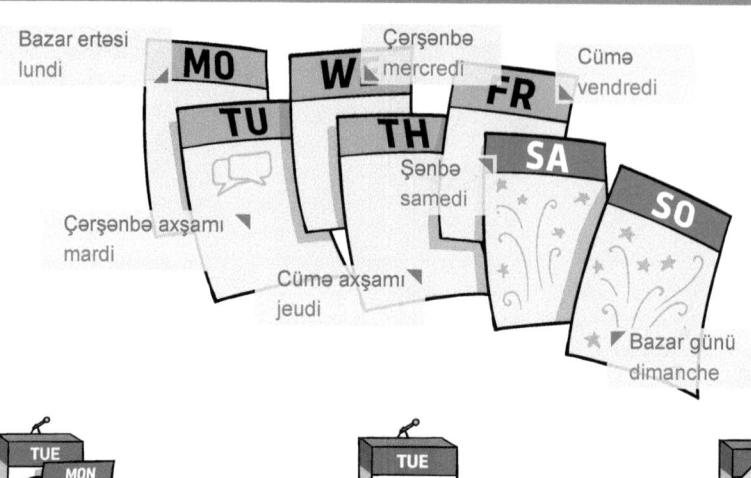

Bazar ertəsi
lundi

Çərşənbə
mercredi

Cümə
vendredi

Çərşənbə axşamı
mardi

Şənbə
samedi

Cümə axşamı
jeudi

Bazar günü
dimanche

dünən
hier

bugün
aujourd'hui

sabah
demain

səhər
le matin

günorta
le midi

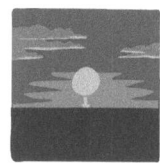

axşam
le soir

MO	TU	WE	TH	FR	SA	SU
1	2	3	4	5	6	7
8	9	10	11	12	13	14
15	16	17	18	19	20	21
22	23	24	25	26	27	28
29	30	31	1	2	3	4

iş günü
les jours ouvrables

MO	TU	WE	TH	FR	SA	SU
1	2	3	4	5	6	7
8	9	10	11	12	13	14
15	16	17	18	19	20	21
22	23	24	25	26	27	28
29	30	31	1	2	3	4

həftə sonu
le week-end

il

l'année

göy qurşağı
l'arc-en-ciel
yağış
la pluie
qar
la neige
külək
le vent
yaz
le printemps
payız
l'automne
yay
l'été
qış
l'hiver

4.APRIL 11°
5.APRIL 4°
6.APRIL 13°
7.APRIL 8°
8.APRIL 10°

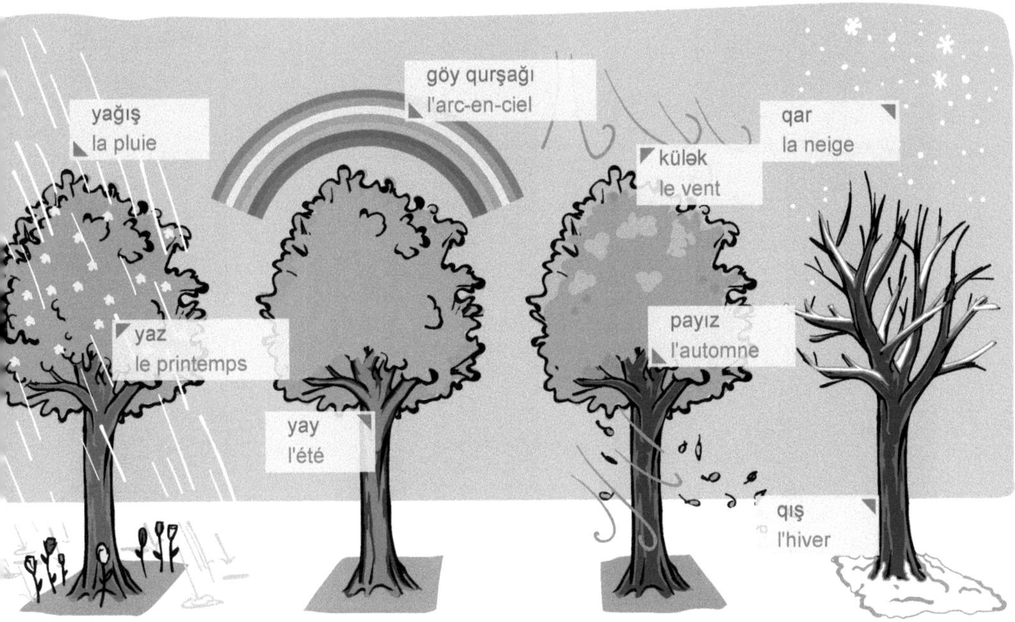

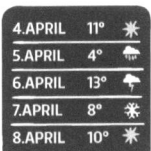

hava proqnozu

la météo

F
C
120
90
60
30
0
-30
40
30
20
10
0
-10
-20

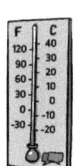

termometr

le thermomètre

günəş işığı

la lumière du soleil

bulud

le nuage

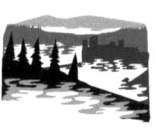

duman

le brouillard

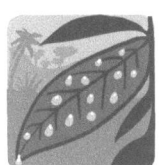

rütubət

l'humidité

ildırım
la foudre

göy gurultusu
la tonnerre

fırtına
la tempête

dolu
la grêle

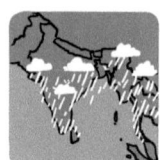

musson
la mousson

daşqın
l'inondation

buz
la glace

yanvar
janvier

fevral
février

mart
mars

aprel
avril

may
mai

iyun
juin

iyul
juillet

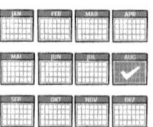

avqust
août

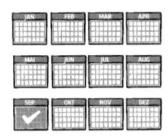

sentyabr

septembre

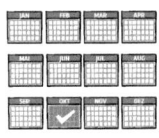

oktyabr

octobre

noyabr

novembre

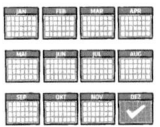

dekabr

décembre

dairə

le cercle

kvadrat

le carré

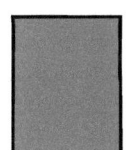

düzbucaqlı

le rectangle

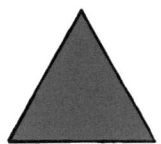

üçbucaq

le triangle

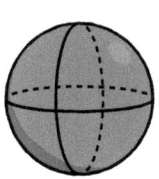

kürə

la sphère

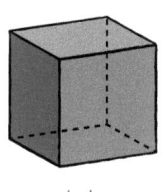

kub

le cube

ağ

blanc

sarı

jaune

narıncı

orange

çəhrayı

rose

qırmızı

rouge

bənövşəyi

violet

mavi

bleu

yaşıl

vert

palıdı

marron

boz

gris

qara

noir

çox / az

beaucoup / peu

qeyzli / sakit

fâché / calme

yaraşıqlı / eybəcər

joli / laid

başlanğıc / son

le début / la fin

böyük / kiçik

grand / petit

işıqlı / qaranlıq

clair / obscure

qardaş / bacı

frère / soeur

təmiz / kirli

propre / sale

tam / natamam

complet / incomplet

gündüz / gecə

le jour / la nuit

ölü / diri

mort / vivant

geniş / dar

large / étroit

yemeli / yeyilməyən

comestible / incomestible

hirsli / mehriban

méchant / gentil

həyəcanlı / bezmiş

excité / ennuyé

kök / arıq

gros / mince

ilk / son

le premier / le dernier

dost / düşmən

l'ami / l'ennemi

dolu / boş

plein / vide

sərt / yumşaq

dur / souple

ağır / yüngül

lourd / léger

aclıq / susuzluq

faim / soif

xəstə / sağlam

malade / sain

qanunsuz / qanuni

illégal / légal

ağıllı / axmaq

intelligent / stupide

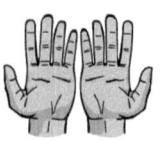

sol / sağ

gauche / droite

yaxın / uzaq

proche / loin

yeni / istifadə edilmiş

nouveau / usé

heç bir şey / bir şey

rien / quelque chose

qoca / gənc

vieux / jeune

açma / bağlama

marche / arrêt

açıq / bağlı

ouvert / fermé

sakit/ bərk

faible / fort

varlı / kasıb

riche / pauvre

düzgün / səhv

correct / incorrect

kobud / hamar

rugueux / lisse

kədərli / xoşbəxt

triste / heureux

qısa / uzun

court / long

yavaş / sürətli

lent / rapide

yaş / quru

mouillé / sec

isti / sərin

chaud / froid

müharibə / sülh

la guerre / la paix

ədədlər

les nombres

0
sıfır
zéro

1
bir
un / une

2
iki
deux

3
üç
trois

4
dörd
quatre

5
beş
cinq

6
altı
six

7
yeddi
sept

8
səkkiz
huit

9
doqquz
neuf

10
on
dix

11
on bir
onze

12

on iki

douze

13

on üç

treize

14

on dörd

quatorze

15

on beş

quinze

16

on altı

seize

17

on yeddi

dix-sept

18

on səkkiz

dix-huit

19

on doqquz

dix-neuf

20

iyirmi

vingt

100

yüz

cent

1.000

min

mille

1.000.000

milyon

le million

ədədlər - les nombres

İngilis dili

l'anglais

İngilis dilinin amerikan
variantı

l'anglais américain

Çin dilinin Mandarin dialekti

le chinois mandarin

Hind dili

le hindi

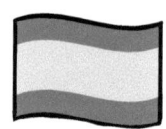

İspan dili

l'espagnol

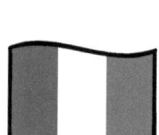

Fransız dili

le français

Ərəb dili

l'arabe

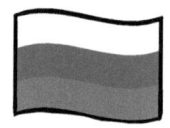

Rus dili

le russe

Portuqal dili

le portugais

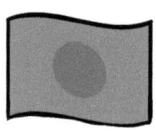

Benqal dili

le bengali

Alman dili

l'allemand

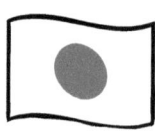

Yapon dili

le japonais

men
....
je

sən
....
tu

o / o / o
il / elle / ce, c', cela

biz
....
nous

siz
....
vous

onlar
....
ils / elles

kim?
....
Qui ?

nə?
....
Quoi ?

necə?
....
Comment ?

harada?
....
Où ?

nə zaman?
....
Quand ?

ad
....
le nom

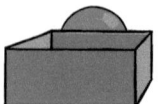

arxadan

derrière

içində

dans

qarşısında

devant

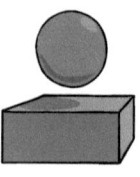

üzərində

au-dessus

dair

sur

altında

en-dessous

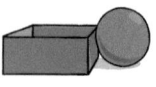

yanaşı

à côté de

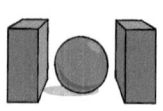

arasında

entre

yer

le lieu